Inhalt

Vertriebscontrolling - Steuerungshilfe für Marketing und Verkauf

Kernthesen

Beitrag

Fallbeispiele

Weiterführende Literatur

Impressum

Vertriebscontrolling - Steuerungshilfe für Marketing und Verkauf

Robert Reuter

Kernthesen

- Wie so viele andere Arten des Controllings ist auch Vertriebscontrolling in den Unternehmen bisher noch nicht weit verbreitet.
- Als Problem erweist sich für Controller und Vertriebsmitarbeiter oft schon die Aufgabe, passende Kennzahlen festzulegen.
- Eine wichtige Größe für ein effektives Vertriebscontrolling könnte der Kundenwert sein. Ist er bestimmt, lassen sich hieraus konkrete Handlungsprämissen für den Vertrieb ableiten.

Beitrag

Nachholbedarf in den Unternehmen

Die Forderung nach einem Vertriebs-Controlling richtet sich insbesondere auf den Vertrieb hoch komplexer und darum erklärungsbedürftiger Investitionsgüter sowie auf High-Tech-Produkte. Diese Güter werden oft nicht von Privatkunden, sondern von anderen Unternehmen gekauft und werden darum dem Business-to-Business-Bereich (B-to-B) zugeordnet. Für diesen Bereich wird ein Vertriebscontrolling als besonders sinnvoll erachtet, weil an die Vertriebsorganisation infolge der Güte der Produkte besonders hohe Anforderungen gestellt sind. Verkäufer im Bereich High-Tech sind darum per definitionem Vertriebsingenieure, ihre Aufgabe ist der "technische Vertrieb". (1)

Controlling für den technischen Vertrieb

Wie in anderen Bereichen auch hat das Controlling im technischen Vertrieb noch lange nicht den

Stellenwert, den sich Controlling-Experten wünschen. Ein Grund dafür ist die Haltung der Vertriebsmitarbeiter selbst. Diese verbinden mit Controlling unangenehmes Nachkontrollieren, auf die Finger schauen, gefahrene Kilometer nachzählen und das Überprüfen von Arbeitszeiten beziehungsweise Überstunden. Controller gelten als Agenten der Geschäftsleitung, deren Aufgabe es ist, Mitarbeitern Verfehlungen nachzuweisen und diese zu dokumentieren.

Behindert wird die Implementierung eines Vertriebs-Controlleurs auch durch die Tatsache, dass die Vertriebsleiter früher oft selbst erfolgreiche Verkäufer waren. Ihnen fehlt häufig die betriebswirtschaftliche Ausbildung, so dass Prozesse nicht analysiert und die Profitabilität von Kunden nicht ermittelt wird.

Eine Studie unter 639 Unternehmen weist den Nachholbedarf deutlich nach: Den Angaben zufolge setzt jedes vierte Unternehmen keine Vertriebskennzahlen ein, nur knapp die Hälfte der Unternehmen unterscheidet zwischen operativem und strategischem Controlling. Ein gutes Drittel kennt den Wert der ökonomischen Kundenbeziehung nicht. Das heißt, dem Unternehmen ist unbekannt, wie profitabel einzelne Kunden überhaupt für das Unternehmen sind. Nur ein gutes Drittel misst systematisch die Produktivität der Außendienstmitarbeiter, und lediglich sechs Prozent kennen die Kosten pro Kundenbesuch.

Das Ergebnis stellt den Unternehmen hinsichtlich ihres Wissens über die eigenen Kunden ein schlechtes Zeugnis aus. Dass sich das fehlende Wissen nicht auf Vertrieb und Umsätze niederschlägt, liegt laut Controlling-Experten daran, dass die jeweiligen Wettbewerber beim Vertriebscontrolling genauso hinterherhinken. Unterstrichen wird das für die Unternehmen wenig schmeichelhafte Ergebnis von den Fachleuten im Verein Deutscher Ingenieure (VDI). Diese bestätigen, dass der Vertrieb auch in Weltkonzernen und bei Marktführern prinzipiell eher hemdsärmelig geführt werde. So lange die Umsätze stimmten, sei es den Vertrieblern oft gleichgültig, wie die Umsätze genau zustandekommen und wer die profitabelsten Kunden sind. Die Experten warnen allerdings davor, auf genaueres Vertriebswissen und den Einsatz eines spezifischen Controllings zu lange zu verzichten. Gerade global agierende Unternehmen, davon sind die Fachleute überzeugt, sind auf ein professionelles Vertriebs-Controlling angewiesen.

Ebenso wenig verbreitet ist Vertriebscontrolling allerdings im Mittelstand. Auch dort wird höchstens der Deckungsbeitrag - Umsatz minus Materialkosten - im Auge behalten, projekt- und auftragsbezogene Rechnungen werden nicht angestellt. (1), (2)

Kennzahlen müssen erst bestimmt werden

Die größte Herausforderung für ein Vertriebscontrolling ist die Bestimmung der passenden Kennzahlen. Sie sollen den Vertrieb ganzheitlich abbilden können und damit Hinweise geben, ob Vertrieb und Marketing auf dem richtigen Weg sind. In der Praxis erweist sich die Bestimmung der Kennzahlen häufig als riesige Hürde, an der das Controlling und Vertriebsmitarbeiter gemeinsam scheitern. Ein oft gemachter Fehler ist es, Standardkennzahlen heranzuziehen, deren Aussagekraft zur Situation des Vertriebs nur gering ist. (4), (5), (8)

Kundenwert als wichtige Größe

Eine wichtige Kennzahl im Vertriebscontrolling ist der Kundenwert. Dahinter steht die Idee, dass nicht alle Kunden dieselben Umsätze einbringen und sie darum einen jeweils unterschiedlichen Wert für das Unternehmen bedeuten. Je nach dem, wie hoch dieser Wert ist, könnten die knappen Ressourcen des Vertriebs und des Marketings anhand der Ergebnisse des Controllers auf die wichtigsten Kunden ausgerichtet werden. Eine empirische Studie unter

120 Unternehmen hat ergeben, dass rund 40 Prozent der Firmen den Kundenwert nicht systematisch messen. Die übrigen Unternehmen greifen auf unterschiedliche Verfahren zurück, um Erkenntnisse über den Kundenwert zu gewinnen, etwa auf ein Scoring-Modell. Ein wichtiger Begriff in der Kundenwertmessung durch den Vertriebs-Controller ist der Customer-Lifetime-Value (CLV). Dieser Indikator betrachtet den Kunden als eine Investition und gibt Aufschluss darüber, wie sich der Kundenwert im Zeitraum zwischen Aufnahme, Wachstum, Pflege bis zur Beendigung der Kundenbeziehung entwickelt.

Sind mit dem Kundenwert wertvolle und weniger wertvolle Kunden identifiziert, stehen den Unternehmen verschiedene Wege offen, wie sie mit den gewonnenen Zahlen weiter verfahren. Möglich ist, wertvollen Kunden schon bei der Kundengewinnung attraktivere Angebote zu unterbreiten, ihnen Preisvorteile einzuräumen und sich bei der Kundenrückgewinnung besondere Mühe zu geben. Grundlage dieses Unternehmenshandelns sind die vom Vertriebscontrolling zum Kundenwert ermittelten Kennzahlen. (3)

Trends

Controller sollen gestalten

Eine groß angelegte Studie hat gezeigt, in welche Richtung sich das Controlling zukünftig entwickeln könnte. Die Umfrageteilnehmer wünschten sich grundsätzlich ein gestaltendes Controlling, das weniger Zeit mit Zahlensammeln verbringt. Zudem soll das Controlling Instrumente entwickeln, mit denen sich Aussagen über die Zukunft treffen lassen. (9)

Fallbeispiele

Harley-Davidson stellt seinen Vertrieb neu auf

Der Motorradhersteller Harley-Davidson will wachsen, und zwar vor allem in den strategischen Wachstumsmärkten Russland, Osteuropa, Mittlerer Osten und Afrika. Hierfür wurde ein so genannter "Onboarding"-Prozess gestartet, mit dem, wie der Name schon sagt, alle Mitarbeiter "an Bord" genommen werden sollen. In einem geführten Prozess konnte die Kultmarke erreichen, dass die neuen Händler ihre Ressourcen besser einsetzen und so zu einem effizienteren Vertrieb kamen. Viele bekannte

Probleme zwischen Vertrieb und Controlling wurden gleich mitbeseitigt. (6)

Vertriebscontrolling und Compliance

Ein kürzlich eingeleitetes Korruptionsverfahren gegen einen großen Fahrzeug- und Maschinenbaukonzern hat gezeigt, wie wenig sich Vorstand, Rechtsabteilung und Revision um die Einhaltung gesetzlicher Regeln kümmerten. Eine eigene Compliance-Abteilung gab es nicht. Auch die Leiterin des Controllings fühlte sich nicht zuständig. Ihre Aufgabe sei nicht, die Mitarbeiter im Vertrieb zu beaufsichtigen. Trotzdem gab sie offensichtlich ungesetzliche Zahlungen frei - und musste sich vor Gericht verantworten.

Der Fall zeigt ein seltsames Verständnis von den Aufgaben eines Controllers. Ziel von Compliance-Tätigkeiten ist weniger, dass der Controller die Mitarbeiter aller Unternehmensbereiche beaufsichtigt. Das Controlling hat vielmehr die Aufgabe, Abweichungen von der Norm festzustellen und auf Compliance-Risiken aufmerksam zu machen. (7)

Weiterführende Literatur

(1) Nachholbedarf im Vertriebscontrolling
aus Absatzwirtschaft Nr. 04 vom 30.03.2012 Seite 030

(2) Das Risiko des Nicht-Hinschauens
aus ZFO - Zeitschrift Führung und Organisation
04/2012, S.249

(3) Kundenmanagement mit dem Kundenwert Wie Unternehmen mit Marketing- und Vertriebscontrolling kundenbezogenen Aufwand und Nutzen in Einklang bringen von Andreas Mengen
aus CONTROLLER Magazin, Heft 6/2012, S. 20-26

(4) Praxistipps für das Vertriebscontrolling
aus www.powernews.org Meldung vom 20.09.2012 - 13:51

(5) Auf dieser Welle müssen Unternehmen reiten
aus Computerwoche, 29.10.2012, Nr. 44

(6) Händler professionell an Bord geholt
aus Absatzwirtschaft Nr. 11 vom 26.10.2012 Seite 040

(7) Österreich als alternativer Bondmarkt
aus FINANCE - Der Markt für Unternehmen und Finanzen Heft Sonderbeilage November 2012 vom 26.10.2012, Seite 17

(8) Eine Methode zur Analyse und Prognose von Geschäftsprozessen
aus CONTROLLER Magazin, Heft 5/2012, S. 20-25

(9) Trend zum gestaltenden Controlling Studie

"Controlling- und Planungsexzellenz 2012" Saim Erhazar und Martin Kunert
aus CONTROLLER Magazin, Heft 2/2012, S. 53-55

Impressum

Vertriebscontrolling - Steuerungshilfe für Marketing und Verkauf

Bibliografische Information der deutschen Nationalbibliothek

Die Deutsche Nationalbibliothek verzeichnet diese Publikation in der deutschen Nationalbibliografie; detaillierte bibliografische Daten sind im Internet über http://dnb.d-nb.de abrufbar.

ISBN: 978-3-7379-0110-9

© 2015 GBI-Genios Deutsche Wirtschaftsdatenbank GmbH, Freischützstraße 96, 81927 München, www.genios.de

Alle Rechte vorbehalten. Dieses Werk ist einschließlich aller seiner Teile – z.B. Texte, Tabellen und Grafiken - urheberrechtlich geschützt. Jede Verwertung außerhalb der Grenzen des Urheberrechtsgesetzes bedarf der vorherigen Zustimmung des Verlags. Dies gilt insbesondere auch für auszugsweise Nachdrucke, fotomechanische

Vervielfältigungen (Fotokopie/Mikroskopie), Übersetzungen, Auswertungen durch Datenbanken oder ähnliche Einrichtungen und die Einspeicherung und Verarbeitung in elektronischen Systemen.